This book belongs to

_____

Este libro pertenece a

_____

Copyright ©2023 Abby Feria

All rights reserved. No part of this book may be reproduced or used in any manner without the prior written permission of the copyright owner, except for the use of brief quotations in a book review.

To request permissions, contact the publisher at contact@abbyferia.com

Copyright ©2023 Abby Feria

All rights reserved. Ninguna parte de este libro puede reproducirse o usarse de ninguna manera sin el permiso previo por escrito del propietario de los derechos de autor, excepto para el uso de citas breves en una reseña del libro.

Para solicitar permisos, póngase en contacto con la autora en contact@abbyferia.com

To the parents and children that have cried together trying to understand each other.

A los padres e hijos que han llorado juntos tratando de entenderse.

My little bean, I see that you are very upset.

Frijolito mio, veo que estas muy molesto.

You have pointed.

As señalado.

6

You have screamed and kicked.

Has gritado y pataleado.

You have cried and given up.

Has llorado y te has rendido.

I can see how frustrating it is for you when I don't understand what you are trying to tell me.

Puedo ver lo frustrante que es para ti cuando no entiendo lo que intentas decirme.

I can see the sadness in your eyes as you try to find words.
I can see the anger building up as we are both struggling to understand each other.

This cannot be easy for you my little bean.

Puedo ver la tristeza en tus ojos mientras intentas encontrar palabras.
Puedo ver que la ira aumenta mientras ambos luchamos por entendernos.

Esto no puede ser fácil para ti, mi frijolito.

I know sometimes you feel lost, misunderstood, lonely, and angry.
I am sorry that you have had to experience all those things when trying to get my attention. I know it's hard for you to tell me what you want. I love you my little bean, you are amazing, smart, caring, but most of all, you are a source of light.

Sometimes, even adults struggle to find the words to express themselves.

Sé que a veces te sientes perdido, incomprendido, solo y enojado.
Lamento que hayas tenido que experimentar todas esas cosas al intentar llamar mi atención. Sé que te resulta difícil decirme lo que quieres. Te amo mi frijolito, eres increíble, inteligente, cariñoso, pero sobre todo, eres una fuente de luz.

A veces, incluso los adultos luchan por encontrar las palabras para expresarse.

But don't you worry, my little bean, just take a deep breath. We will find the words together. I will take the time to listen to what you are trying to say.

I will do my best to understand you, and reassure you through my hugs, kisses, and cuddles that we can get through this together.

When you can't find the words to ask for what you need, and we are both panicking trying to figure it out, know that I still love you with all my heart.

Pero no te preocupes frijolito mío, simplemente respira hondo. Encontraremos las palabras juntos.
Me tomaré el tiempo para escuchar lo que intentas decir.

Haré todo lo posible para comprenderte y asegurarte a través de mis abrazos, besos y mimos que podemos superar esto juntos.

Cuando no puedas encontrar las palabras para pedir lo que necesitas y ambos estemos en pánico tratando de resolverlo, debes saber que todavía te amo con todo mi corazón.

I want you to feel safe in my arms. You don't have to say a single word. I will remind you that it is okay to laugh and play when you feel happy.

It is okay to run and hide when you need to be alone. But most of all, I want you to know that there is more than one way to express yourself without having to use words because love needs no words.

Quiero que te sientas seguro en mis brazos. No tienes que decir una sola palabra. Te recordaré que está bien reír y jugar cuando te sientes feliz.

Está bien correr y esconderse cuando necesitas estar solo. Pero sobre todo quiero que sepas que hay más de una manera de expresarte sin necesidad de usar palabras, porque el amor no necesita palabras.

I want you to be happy and to have fun! We will have plenty of time for words. But for now, we will use hand and body gestures.

¡Quiero que seas feliz y te diviertas! Tendremos mucho tiempo para palabras. Pero por ahora, usaremos gestos con las manos y el cuerpo.

Can you point at the _____?

Red Slide
Swing
Tree
Clouds
Grass
Sky

¿puedes señalar el _____?

Resbaladilla Roja
Columpio
Arbol
Nubes
Cesped
Cielo

Can you find the _____?

Truck
Doll
Ball
Book
Car
Plant
Window

¿Puedes encontrar _____?

Troca
Muñeca
Pelota
Libro
Carro
Planta
Ventana

27

Can you show me the _____?

Kitchen
Living Room
Bathroom
Bedroom
Roof

¿puedes mostrarme el/la _____?

Cocina
Sala
Baño
Dormitorio
Techo

29

Did you know that we can use our hands to communicate?

¿Sabias que podemos usar nuestras manos para comunicarnos?

It is called

Sign language

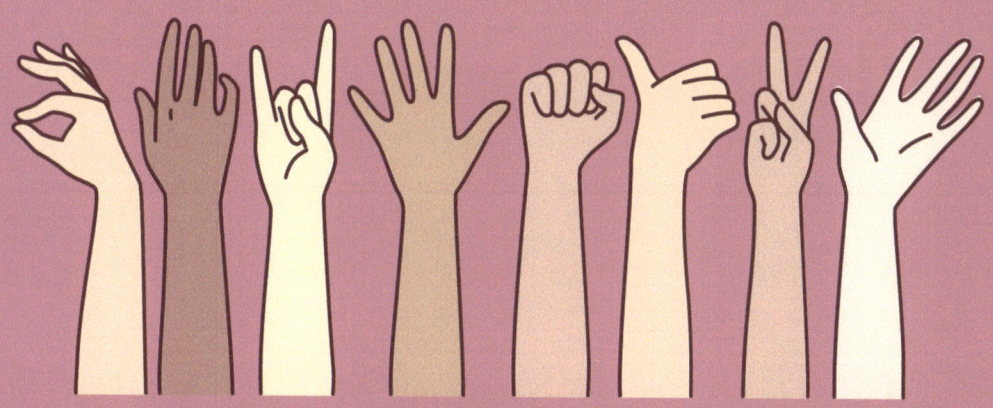

Se llama

Lenguaje de señas

More

Mas

Again

De nuevo

Please

Porfavor

I love you

Te amo

Thank you

Gracias

Help

Ayuda

No

No

All Done

Ya acabe

Let's take a deep breath.

Respiremos profundamente

37

We can do this

My love for you needs no words

Nosotros podemos

Mi amor por ti, no necesita palabras